Mondlichtträger 1
Freisegeln

Patrick Aigner

Mondlichtträger 1
Freisegeln

Coverfoto: Steffen Rauschert (www.blitzdings.me)

Herstellung und Verlag:
BoD – Books on Demand, Norderstedt
ISBN 978-3-7322-3911-5

Inhaltsverzeichnis

Einleitung   9

Kapitel 1
Die Küche   20

Kapitel 2
Reden wir mal über das Wetter   22

Kapitel 3
How old are you?   24

Kapitel 4
Die Träger des Morgenlichts   25

Kapitel 5
Das Schauen des Mondlichtträgers   27

Kapitel 6
Wenn es mal nicht ganz so gut läuft   29

Kapitel 7
Traurigkeit   32

Kapitel 8
Einen Platz fürs Mondlichttragen   34

Kapitel 9
Einen Platz, den es so nicht mehr gibt   36

Kapitel 10
Einc Rcinigungsaktion   37

Kapitel 11 Hintertorwart	38
Kapitel 12 Ein kleines Fest	42
Kapitel 13 Die andere Nacht	43
Kapitel 14 Advent	44
Kapitel 15 Trost	45
Kapitel 16 Mondlichtträger wissen nichts	47
Kapitel 17 Wind weht	51
Kapitel 18 Wenn alles vorbei ist	52
Kapitel 19 Der Regen	53
Kapitel 20 Unterschied	54
Kapitel 21 Am Anfang	55

Kapitel 22
Abgrenzung   56

Kapitel 23
Das verbotene Wort   61

Kapitel 24
Sie hatten sich nichts mehr zu sagen   63

Kapitel 25
In Mutters Stübele - Teil 1   65

Kapitel 26
In Mutters Stübele - Teil 2   68

Kapitel 27
In Mutters Stübele - Teil 3   70

Dank   73

Einleitung

1.
Mein halbes Leben lang war ich auf der Suche. Nach spirituellen Wahrheiten? Nach tiefen philosophischen Einsichten? Wohl eher nicht. Aber ich suchte. Was suchte ich?

Ende der 80er Jahre des letzten Jahrhunderts stellte sich die Welt für mich folgendermaßen dar: Grob gesagt gab es nur zwei Arten von Menschen in meiner Heimatstadt Coburg. Die Menschen, die sich anpassten und die Menschen, die es schafften, der Anpassung aus dem Weg zu gehen. Wie in Coburg, also auch im Himmel, also auch auf unserer kleinen, grünen Erdscheibe. Freaks, Maler, Kiffer, die Pillenfraktion und die Leute mit den politischen Ideen im Kopf, verteilten sich damals auf zwei Kneipen in diesem über 40.000 Einwohner fassenden Etwas. Ich weiß noch genau, wie es war, als ich zum ersten Mal eine dieser Kneipen betrat – den Oylnspygl. Es war wie der Eintritt in eine andere Welt. Punks und Hippies, Wollpullover und Tigerhosen, Streifenhosen und Springerstiefel und Jesuslatschen und Tee und Bier und Sprüche auf Jacken, in den Klos und Sprüche und nochmals Sprüche. Musik ohne Ende und es stand hinten rechts ein Sofa.

Wenn ich so zurückdenke, erstaunt es mich doch, dass mich diese ganze Atmosphäre so positiv geschockt hat. Schließlich bin ich von meinem Vater seit frühster Kindheit mit den Beatles, den Stones und seinem geliebten Dylan vollgedudelt worden. Mit 12 fing ich an Lindenberg zu hören, und mit 14 stieß ich an einem Samstag Nachmittag im Fernsehen auf Konstantin Wecker. Es war ein Bericht, in dem Fans von ihm zu Wort kamen, die erzählten, wie ihnen Konstantins Texte geholfen hatten. Jedenfalls habe ich das so in Erinnerung. Konstantins Lieder haben mich dann für zwei Jahrzehnte eng begleitet und ich habe mich an ihnen gerieben, habe sie gelebt und geliebt. Ich glaube, er war der Erste, der mir Luft in meine Enge brachte. Gedanken, die ich als neu und mutig empfand, und eine Stimme, die sich traute, etwas zu sagen. Wecker war wichtig für mich und ich will mir gar nicht vorstellen, wie mein Leben verlaufen wäre, wer ich jetzt wäre, hätte ich diese "frische Luft" damals nicht bekommen.

Also, ich war 16 und die Bühne hatte sich gedreht. Der linkische Schulabbrecher fand Leute, mit denen er reden konnte. Leute, die Lindenbergs Schneewittchen auswendig konnten. Leute, die mich an der Hand nahmen. Nicht für einen langen Weg, aber für ein Gespräch, für einen Abend. Sicher, es war viel durcheinander, aber es gab da so ein Da-sind-wir-Ding und die anderen sind halt die anderen. Noch mehr als im Oylnspygl fühlte ich mich in der Stadtschenke, in der Leopoldstraße, frei. Frei wie Berlin, frei wie jemand, der etwas machen wird, frei wie eine kühle, sonnige Morgenstunde.

Noch mehr, als Freitag mit Raki, Geschrei und Kneipe voll, spürte ich das, wovon ich hier rede, an den langen Sonntag Nachmittagen. Da war nicht viel los. In der Tasche einen Block, um Gedichte oder Liedtexte zu schreiben. Wie nah ich an jenen Sonntagen dran war, drin war...

Jeder war auf dem Weg nach irgendwo hin. Ich versetze mich heute noch in diese Kneipe, zu den Leuten von damals, um wieder austreiben zu können, um mich überhaupt bewegen zu können, wenn ein All von Blei mich niederdrückt.

Berlin hätte nie das halten können, was die Stadtschenke, dieses Kreuzberg 36 im H0-Maßstab, von ihm versprach. David Bowies Hunky Dory klingt für mich nach dieser Zeit, nach der Leopoldstraße in der Sonne, nach der Leopoldstraße im Regen, nach diesem Berlin, das keines war und nach Leuten mit offenen Gesichtern. Nach Verrückten, die auch einmal eine Knarre aus der Tasche zogen und mich damit aus dem Traum rissen und nach Leben, nach Leben – nach Leben!

Meist schmiss ich mich an Typen ran, die älter waren als ich. Ich bekam Geschichten mit von Leuten, die noch älter als diese Typen waren. Manche von denen waren cool, manche schon tot, manche im Knast, manche auf Entzug. Storys über Drogenexperimente und Storys voll von Elend, das aber immer, wenn schon nicht wirklich lustig, dann doch wenigstens irgendwie stilecht war. Aufgehoben eben, in diesem Weltbild, in dieser Anderswelt.

Zu der Zeit begann meine Suche. Ich lief durch die Stadt und wusste, hier hat dieser gewohnt, dort hat Mac aus Kronach sich aufgehängt und in diesem Haus war die Kneipe, die es damals längst nicht mehr gab, aber in Hunderten von Erzählungen weiterlebte – das Roman. Ich dachte immer, es müsse doch einen Zusammenhang der verschiedenen Leute aus dieser Welt geben. Vielleicht sogar einen Moment, aus dem heraus diese Szene entstanden ist. Eine Feier? Eine Schule? Völlig planlos, aber ich suchte. Und ich begann zu fragen. Die Älteren kannten sich immer irgendwie, und sie schienen sich auch, trotz aller Verschiedenheiten, zu schätzen. Ich wurde nicht satt, ihre Geschichten zu hören. Aber es ergab sich kein Bild. Und doch hatte ich ein Gespür dafür, was ich suchte, mehr aber auch nicht. Worte dafür? Fehlanzeige. Antworten? No.

2.
Drei Jahre später wurde ich zum ersten Mal Papa. In die Oyle ging ich nicht mehr, weil ein Teil der für mich wichtigen Leute Hausverbot hatte. Und die Schenke war am Abnippeln und schloss dann auch irgendwann. Ein paar wenige Freundschaften nahm ich mit in diese nächste Zeit. Vielleicht wurden die Gespräche ernster, vielleicht sogar besser, tiefer, ach was weiß ich... Jedoch die Leichtigkeit, diese Staubpartikel in der Morgensonne, verloren sich.

Nachgetrauert habe ich dieser Stadtschenke, diesen Leuten. Viele Menschen, die danach in mein Leben traten, empfand ich als schal, nicht richtig, als nicht wirklich für mich bestimmt. Die Rolle des Trauerkloßes musste mir große Freude bereitet haben, denn ich habe sie über Jahre gespielt. Solange ich nüchtern war, hielt ich es mit Menschen aus, die nicht "meine"

Menschen waren. Nach dem fünften Bier und einigen mit angehörten Gesprächen am Kneipentisch hielt ich es dann meist nicht mehr aus. Vielleicht wartete ich zu lange, denn als ich loslegte, konnte ich den Leuten schon nicht mehr vorwerfen, dass sie das sind, was sie sind. Eigentlich warf ich ihnen vor, dass sie sind. Ich war ein arrogantes Arschloch, das vor Hass und Wut und Ohnmacht brannte. Ich hätte heulen können und um mich schlagen. Ich war in einem Spiegelsaal und wusste es nicht. Und niemand war nah genug, um es mir zu sagen.

3.
Die Zeit, in der ich Leute mit dieser gewissen Leichtigkeit in meinem Leben hatte, war dann irgendwann endgültig vorbei. Ich bin auf dem Bau in der Bamberger Gegend gelandet und am Wochenende viel auf Flohmärkten unterwegs gewesen. So verlor ich mein Szene-Coburg aus den Augen. Der Film geht weiter. Anfang zwanzig und meine zweite Tochter wurde geboren.

Zu der Zeit schrieb ich zwar noch ein paar Texte zur Gitarre, aber das anhaltende Zittern, das sich mit 13 oder 14 eingestellt hatte, raubte mir schließlich jede, aber auch wirklich jede Illusion, beruflich in diese Richtung zu denken. Für zwölf Jahre baute ich also Fenster, Türen und Rollos ein, bevor ich mich 2004 mit eben dieser Tätigkeit selbständig machte.

4.
Wäre es für mich möglich gewesen, ich hätte mich für immer und allezeit verkrochen. Verkrochen in ein Leben mit Familie, mit Basteln an der Wohnung, Grillfesten mit den Nachbarn, mit Fußball gucken an Samstagen. Ich habe es versucht, wieder und wieder und ich passte doch nicht hinein. Ich arbeitete. Mit der Zeit gab ich mich platter und härter, doch wurde ich nicht glücklicher dabei.

Aber Glück ist immer! Wenn ich im Sommer mit einer meiner Töchter im Garten saß, und die Welt anfing schwarz-weiß zu werden, da war da Himmel. Es ist seltsam, in solch einer Abendstimmung das eigene Kind anzuschauen. Du weißt nicht, was es ist. Du weißt plötzlich nicht mehr, wer es ist. Dieses Wesen da auf dem anderen Stuhl. Meine Tochter – wie das alles so nicht passen kann. Nichts fühlt sich unglaublicher an als "meine Tochter". Was immer hier abgeht, weiß es bis heute nicht, werde es wohl nie wissen...

Was immer hier abgeht, ist so dermaßen anders als gedacht, all die Selbstverständlichkeiten, all die unumstößlichen Wahrheiten, selbst die Naturgesetze – alles wird fragwürdig. Offen. Veränderlich. Nicht tragend. Durchscheinend. Alles unwahr? Alles wahr? Selbst gegensätzliche Aussagen immer wahr? Immer unwahr, alle Aussagen, die man treffen kann?

In diesen Nächten, wenn alle schon ins Haus gegangen waren, saß ich oft noch draußen. Ich starrte zwischen die Zweige der alten Obstbäume und da war es wieder. Dieses Suchen. Es ist nicht so, dass man leer ist, wenn man sucht und dann mit dem Finden voll wird. Es ist eher so, als spräche dich jemand an, wenn du dich im "Suchen" befindest. So als würdest du mit den Augen hören. So als würde dir im nächsten Moment eine uralte Wahrheit offenbar, die du versehentlich vergessen hattest. Im Raum zwischen den Zweigen, im Raum zwischen dem Baum und dem Strauch, scheint alles möglich zu sein, alles erscheinen zu können. So als würde etwas in dir ein Lied hören. Ein ewiges Lied. Ein Lied aus der Erde, ein Lied aus der Nacht.

Mondlichtträger 1
Freisegeln

Warum es diese Welten gibt?
Weil wir die Melodien tragen
Wenn wir der Stille nicht entsagen
Werden wir immer angesprochen sein

Ein jeder sitzt in seiner Kammer
Oder im Grünen - oder auf dem Dach
Wir können dieses Lied nicht hören
Wir denken nicht darüber nach

Wir spüren den Empfang und leiten weiter
Man kann nicht sagen, dass wir etwas tun
Ein jeder, der uns kennt, ist stets gescheiter
Wir war 'n es einst... Nichts davon sind wir nun

Durch wie viel Welten und Planeten
Durch wie viel Träume diese Melodie erklingt
Wie viel wir sind... ist niemals rauszukriegen
Doch spüren wir, dass da nur eines singt

**Kapitel 1
Die Küche**

Mondlichtträger brauchen die Küche. Sie brauchen die Küche, um aus ihr heraus, in sie hineinzuwirken. Sie brauchen eine Küche, die sich doppeln kann.

Für Mondlichtträger ist es sehr wichtig, herauszufinden, wo das Bild, das sie aufhängen wollen, hängt. Vielleicht haben sie das Bild vor Tagen, Monaten, Jahren, achtlos an die Wand getackert. Vielleicht war es auch jemand anderes. Auch dann ist es wichtig, zu wissen, wo es hängt. Gegenstände in einer gedoppelten Küche rasten ein, wenn sie ihren Platz gefunden haben. Mondlichtträger können das Klicken spüren.

Auch gibt es Sachen, die hier nicht hergehören. Bei anderen Dingen merkt man, auch wenn man sie erst gestern vom Flohmarkt mitgebracht hat, dass sie seit Hunderten von Jahren hier stehen, man sah sie nur nicht. Es gibt nur einen richtigen - und jeder andere Platz ist falsch. Mondlichtträger dürfen sich in diesem Punkt von niemandem beraten lassen. Nur er, absolut nur er, der Mondlichtträger, kann es wissen. Wissen kann er – aber entscheiden tut er nichts.

Was ist der Anfang, wo beginnt der Weg?

Alles beginnt in dem Moment, in dem der Mondlichtträger merkt, dass es diese Küche zweimal gibt. Dass sich in dieser Küche noch einmal die genau gleiche Küche befindet. Nicht verschoben, und doch einen Deut verschoben. Es ist diese Küche, und doch ist sie es nicht. Auf welchen Wegen kommen Besucher in die eine Küche, auf welchen Wegen in die andere? Welcher Art sind die Besucher der einen, welcher Art die der anderen Küche? Es gibt Wanderer. Ist die Welt der anderen Küche dir wirklich unbekannt? Willkommen im Spiel! Willkommen an dem Tor, an dem dein Leben beginnt.

Deine Küche entscheidet darüber, ob du ein echtes Leben lebst, oder eines, das du schon vor Jahren gegen einen Regenschirm hättest eintauschen können. Wie oft dachtest du, das Leben müsste anders sein, sich ganz, ganz anders anfühlen. Du hattest immer damit recht, denn du lebtest ein Leben, das keines war. Ein Leben, dem das zweite Bein zum Laufen fehlte. Ein Leben, das im Tausch gegen einen Regenschirm ein faires Geschäft gewesen wäre. Mach dir da mal nichts vor, selbst der Teufel hätte keinen Cent oben draufgelegt, denn er will eine Seele und keinen halbtoten Samen, der vielleicht hätte irgendwann einmal zu einer Seele heranwachsen können.

Wie viele Leute du kennst - egal. Wie viele Schuld- und Schamgefühle dich auf den Boden zwingen - egal. Wie viel Angst du vor dem Rascheln der Blätter hinter dir hast - alles, alles, alles egal. Ob du ein Leben haben wirst, das so viel mehr als die Anzahl und die Qualität der Gedanken in deinem Kopf ist, entscheidet deine Küche. Entscheidet der Moment, in dem du auf sie zugehst. In deiner Küche liegt dein Glück. Verlasse sie nie, egal wo du auch hingehst. Du hast auch einen Platz. Du hast auch einen Stuhl. Verlasse ihn nie, egal wohin der Wind dich treibt. Kehre immer zu ihm zurück. Er wird immer da sein. Und ihr beide werdet lächeln.

Kapitel 2
Reden wir mal über das Wetter

Diese Erdscheibe ist der artgerechte Ort für einen Mondlichtträger. Hier ist alles, aber auch alles angetan, ihm zu helfen, ihn zu drehen, ihn zu braten, ihn zu wenden. Mondlichtträger haben nicht wirklich die Chance, aus dem Prozess auszusteigen, was nicht heißt, dass sie die Erfahrung einer Entscheidung nicht auf die Bühne bringen könnten. Es tut ja alles nicht weh, auch wenn es weh tut. Manchmal ganz schön weh tut.

Zurück zum Thema. Einer der größten Lehrmeister eines Mondlichtträgers ist das Wetter. Wer einmal das Augenzwinkern Gottes erleben möchte, sollte bei ihm Schüler werden.

In welchen Momenten liebst du das Wetter? Wenn du dich nach durchzechter Nacht durch die Straßen des Morgenlichts nach Hause tastest? Wenn du an einem, ein halbes Leben entfernten, stockfinsteren Wintermorgen auf dem Weg zur Schule, deine fast erfrorenen Backen vergisst? Weil da etwas ist? Etwas, das älter ist als du? Und doch in dir? Und doch aus dem? Aus dem, was wir Wetter nennen?

Es gibt kaum ein Wort, das so langweilig klingt wie das Wort Wetter. Selbst das Zwiebackwort kann es locker mit ihm aufnehmen. Nur das Wort Fisch unterliegt. Wie seltsam verdreht sich doch alles darstellt in Küche Nr.1.

Willst du einen spirituellen Lehrer, der täglich für dich da ist? Willst du einen Lehrmeister, dem du zu hundert Prozent vertrauen kannst? Jemand, der wie kein anderer weiß, was er tut? Jemand der dich mit absoluter Sicherheit nach Hause führt?

In jedem Moment, in dem du draußen bist oder am Fenster sitzt, hast du die Möglichkeit, Unendliches zu erfahren. Unendlich mehr als weise Worte, Unendliches, das in seiner Tiefe wächst. Mit jedem Schritt, dem du diesem Lehrer folgst, erschaffen sich neue Welten, die von dir entdeckt werden wollen. Dort unten endet es niemals, das ist nicht vorgesehen.

Ein kleiner Niesel, ein Windhauch von links. Stelle dich darauf ein. Schwinge dich ein. Übertrage die Stimmung in dich hinein. Male sie dir in die Seele. Erfühle immer den Abstand zwischen dir und dem Wetter und verringere ihn. Werde du sofort das Wetter, das dich umgibt. Wandle dich mit auch noch der kleinsten Schwingungsänderung. Gib alles andere auf! Du brauchst alle Stärke, der du habhaft wirst. Spiegle das Wetter. Niemals dagegen! Es macht dich zu einem, der so still ist, dass er ein Bruder des Windes wird.
Du sagst, der Wind ist nicht still, nur weil du ihn hörst?

Kapitel 3
How old are you?

Mondlichtträgern geht das Altern verloren. Was bedeutet das? Es bedeutet, dass ein Mondlichtträger herausfällt aus dem, was man den natürlichen Alterungsprozess nennt. Das Ergebnis ist, dass ein 30-jähriger Mondlichtträger genauso alt oder jung ist, wie ein 75-jähriger. Wie aber kommt das?

Im Laufe des Lebens eines Menschen, der auf dem Weg des Mondlichtträgers ist, fallen, wie bei anderen auch, jedes Jahr Geburtstage an. Da wird man 29, 30, 31, und man denkt sich so einiges dabei und sinniert über die Vergänglichkeit des Lebens. Dann aber plötzlich, von einem Moment auf den anderen, ist alles vorbei. Nichts mehr stimmt. An genau der Stelle, an der einmal das Gefühl des eigenen Alters seinen Platz hatte, tritt etwas Neues hervor. So als würde die Welt ein paar Mal ruckeln, so als würde eine Schablone weggezogen. Und was bleibt? Es bleibt etwas ewig gleich Junges. Etwas ewig gleich Frisches. Etwas ewig gleich Neues. Und das Schönste ist, man sieht es diesen Menschen an. Nicht alle von ihnen sind Mondlichtträger, aber all die Leute, all diese durchscheinenden Wesen, sind nahe Verwandte von ihnen. Weggefährten und Orientierungspunkte. Die wahren Geliebten der Erde. Leicht wie der Schnee. Schön wie der Tau. Leise wie ein Sommermorgen.

Hat sich wirklich etwas verändert? War es wirklich jemals anders? Welche Welt? Welche Küche? Schaffen Küchen Welten?

Kapitel 4
Die Träger des Morgenlichts

Viele von denen, die heute zum Bund der Mondlichtträger gehören, entstammen einer der edelsten und achtenswertesten Gattung, die diese Welt jemals gesehen hat: den Trägern des Morgenlichts. Lange bevor die Zeit der Mondlichtträger am Horizont herauf zog, ebneten jene uns die Wege. Die, deren Fleisch und Blut wir sind, standen auf schwereren Posten. Sie legten inmitten einer Welt, gemacht aus Plattheiten und Fortschrittsglauben, die alten Eingänge wieder frei. Diese Tore, die zusammen mit der Welt erschaffen wurden, die heute noch manche Wirklichkeit oder Realität nennen. Diese Wirklichkeit, von der sie sprechen, ist nicht mehr als der Blick durch eine Sonnenbrille, deren Gläser so stark sind, dass die Sonne nicht mal mehr zu erahnen ist. Schließlich wurde durch die Generationen vergessen, dass es so etwas wie die Sonne überhaupt gab. Wie das mit den Sonnenbrillen läuft, braucht wohl niemand, der dieses Buch bis hierher nicht in die Tonne getreten hat, erklärt zu kriegen - die von uns, die hinter den Mauern psychischer Einrichtungen wieder klar für die "Welt da draußen" gemacht werden sollen, schon gar überhaupt nicht.

Aber nun weiter. Träger des Morgenlichts konnte und kann man nicht durch Übungen, Meditationen, Aufnahmeriten oder besondere Verdienste werden. Alles ist in sich Gnade und ein Träger des Morgenlichts wird man, oder man wird es eben nicht. Es ist "der" heilige Moment, den man erfährt oder eben nicht. Kann da irgendjemand etwas dafür, oder gar etwas dagegen tun? Nicht wirklich! Meistens läuft es so, oder ähnlich ab: Da steht ein junger Mann eines Morgens mit seinen Arbeitskollegen vor der Metzgerei und schaut in die Straße hinein. Nichts weiter als vorsichtig verspielte Sonne auf Häuserwänden. Wahrscheinlich ist es noch ein wenig kühl. Und nachdem er geschaut hat, schaut es ihn! Und alles ist vorbei. Ein anderer Blick oder eine andere Welt? Ein Geisterfahrer oder Hunderte? Wer tauscht da die Erdscheibe unter mir? Wer gibt mir da das zurück, ohne was ich scheinbar leben konnte? Eine Tatsache, die mir jetzt völlig unbegreiflich erscheint.

Und er wird tun, was zu tun ist. Er wird zögern, er wird zaudern, aber letzlich wird er das werden, was er ist - ein Träger des Morgenlichts. Es wird hinter ihm sein, in seinem Weinen. Es wird durch seine Beziehungsfantasien hindurchscheinen. Es wird ihn abhalten, das zu tun, was er tun soll, um das zu tun, was das seine ist. Er wird im Lachen das Leid und in der Trauer die milde Freundlichkeit der Welt sehen. Er wird frei sein, unfrei zu sein, und es ist sein Morgen, der da niemals endet. Er ist der Träger des Morgenlichts! Älter, schöner als die Welt.

Kapitel 5
Das Schauen des Mondlichtträgers

Wenn ein Mondlichtträger in einer der Welten ist, dann ist er es! Will heißen: Nichts von alledem, was ihn umgibt, kann er aus dem Gesamtbild ausradieren. Kann er denn nicht das Gesamtbild ausradieren? Sagen wir so: Hätte er es getan, wäre er jetzt nicht hier. Ist er jetzt nicht hier, stellt sich die Frage nicht.

Aber Mondlichtträger schauen anders. Normalerweise sieht ein Mensch die Welt direkt an. Straßen, Bäume, Plätze, alles ist real, alles könnte gefährlich sein und alles ist mit dem Hauch des kranken dritten Chakras überzogen. Viel zu viele Menschen mit viel zu vielen Tüten und viel zu vielen belanglosen Problemen. Das, was die meisten sehen, hat es verdient unterzugehen, auch wenn das nur selten gesagt wird. Es wird eine Welt wahrgenommen, die niemals die deine sein kann. Eine Welt, die du, egal wie lange du in ihr lebst, niemals berühren kannst. Eine Welt, die dich, und das spürst du in diesen seltenen ehrlichen Momenten, niemals berühren wird. Mit den Jahren ist es immer schwerer geworden, noch irgendwas zu wollen, irgendetwas schön finden zu können - man muss halt so tun als ob. Wir reden mit anderen Menschen und sie erzählen uns von Urlauben, Hobbys und von all den Spielsachen für Erwachsene. Wir werden uns nicht antworten hören, dass uns das alles nichts angeht. Wir werden nicht zeigen, dass dieses Band zu den Freuden zerrissen ist. Und vor allem werden wir nicht zeigen, dass wir das Gleiche auch bei unserem Gegenüber wahrnehmen. Das Eis in unserem Herzen möchte sich in Richtung Hals ausdehnen. Wäre neben dem rechten

Fuß der Schalter, mit dessen Betätigung das alles, alles, alles hier aufhören würde...

Die Welt ist nun mal so! Das Leben ist nun mal so! Wie oft haben wir uns schon solchen Unsinn eingehämmert? Wenn das Leben so ist, dann darf es jetzt gerne aufhören, oder was noch viel besser wäre, es hätte gestern Abend gegen 19 Uhr bereits aufgehört. Aber das stimmt alles nicht. Die Welt und das Leben sind nicht so, wir haben nur verlernt, wie man schaut.

Mondlichtträger schauen nach innen. Sie haben dabei die Augen geöffnet und die Welt findet statt. Nach innen schauen bedeutet hier nicht, den eigenen Empfindlich- und Empfindsamkeiten nachzuspüren. Es bedeutet hier auch nicht, die Gefühle wahrzunehmen oder gar irgendetwas mit ihnen zu machen. Nach innen sehen bedeutet hier, den leeren Raum in uns aufzusuchen und dort zu verbleiben. Dieser Raum, wenn er schon vielleicht nicht wirklich unsere Heimat ist, wird er uns aber doch wenigstens immer an sie erinnern. Dass dieser Raum viel, viel mehr ist, dass er der Eingang, ja, der Anfang ist...

Du bist in dir und die Welt findet trotzdem statt. Das kann sich erst einmal ganz erstaunlich anfühlen. Die Welt findet also statt, ob du in ihr bist oder in dir. Lass sie stattfinden! Ja, die Knie sind anfangs noch ein wenig weich und ein bisschen Konzentration ist auch von Nöten. Da das nach-innen-Sehen viel natürlicher ist, als das in-der-Welt-Verlorengehen, wirst du es bald merken: Du wirst merken, dass es viel anstrengungsloser ist, als das, was du bisher gelebt hast. Bald schon wirst du wie von alleine hineingezogen - und damit ist es noch lange nicht zu Ende.

Und nun schaue! Wo ist deine eiskalte Welt geblieben? Wo ist das Fremde der Straßen geblieben? Was blieb von alledem? Ein Lächeln!

Kapitel 6
Wenn es mal nicht ganz so gut läuft

Die Kraft ist aus den Armen gewichen und der nächste Einschlag wird erwartet. Rettungsringe werden gesehen, aber nicht mehr ergriffen. Wenn nur alles so vorbei wäre, wie es vorbei ist. Wäre die Dunkelheit doch noch kompletter, obwohl auch jetzt schon keinerlei Licht mehr hineinscheint. Der Kopf denkt nichts mehr, das heißt, er denkt alle Gedanken gleichzeitig. "Schon untergegangen zu sein" wäre der größte, der wahrste aller Wünsche. Durch die Straßen, so als würde man durch den Teer hindurch in ein ewiges All verloren gehen, hindurchfallen, ohne doch wirklich zu fallen: Denn der nächste Schritt ist wieder dieses Durchrutschen - und nur nichts und nichts und doch kein endgültiges Fallen.

Wer kann das verhindern, was doch gerade eben nicht passiert? Wer kann einen aus etwas herausholen, in dem man gar nicht ist? So lang sind keine Arme. Hilfreiche Hände können niemals so stark sein. Hier ist nicht das Ende, hier ist es schlimmer. Alles, von dem einmal gedacht wurde, es könnte tragen, offenbart seine Lächerlichkeit, seine Verlogenheit, ja, das ganze Ausmaß an Sinnlosigkeit. All die Tröstungen - nichts als Lügen. All die Pläne verhöhnen den Planer und was das Schlimmste ist, alle Tränen umsonst - die falschen - zwecklos. Das eiskalte All ist das eiskalte All und nichts weiter. Alles gelogen und du hast es immer gewusst. Warum nur hast du immer wieder angefangen, etwas anderes zu glauben? Warum nur hast du dieses Unausweichliche immer wieder hinter Ideen von Beziehung, Erfolg oder spirituellen Träumereien versucht zu verstecken? Was hast du nun davon? Was hast du nun von all den Jahren, in denen du rumgerannt bist, geackert hast, versucht hast, es auf die Reihe zu kriegen? Irgendwas auf die Reihe zu kriegen? Was du nun in Händen hältst, ist weniger als Nichts, und es wäre besser, niemals geboren worden zu sein.

Ist das nun alles nicht so schlimm? Weil hier ein Buch ist mit tollen Ideen? Weil es doch noch so etwas wie eine Chance gibt, dem zu entkommen? Die Wahrheit ist, es ist alles noch viel, viel schlimmer. Die Wahrheit ist, du hast vollkommen recht mit all dem, was du jetzt empfindest. Und ja, all deine Versuche waren nichts als Lügen. Lügen, um es auszuhalten, oder besser, Lügen, um dem nicht Aushaltbaren auszuweichen, ihm nicht zu begegnen. Dein ganzes Leben ein Witz. Deine ganze Lebensgeschichte - ein Griff ins Klo.

Wenn du das alles nun endlich begriffen hast, wenn du nun endlich, endlich, endlich genug hast, dann hast du genau "null" Möglichkeiten, da raus zu kommen. Dieser Punkt, der dein Ende ist, ist dein Anfang. Du bist dieses eiskalte All. Es passiert dir nicht, sondern du bist es. Nichts außerdem! Keine Geschichten! Nur dieses All - Lichtjahre weg von zu Hause, bist du zu Hause in deinem Zuhause. Du bist das All und das All ist in dir und du bist in dem All, das du bist. Einfacher gesagt, nur das All ist und was du meintest zu sein, war ein Traum in einem Traum.

Dieses All ist dein Vater, deine Mutter und es ist das, was du bist. Du bist es nicht erst eben jetzt geworden, du warst es schon immer. Nichts ist mehr wahr, obwohl alles wahr bleibt. Die Hähnchen drehen sich weiter auf dem Grill, aber du bist nun keines mehr von ihnen. Ob du dich nun mit ihnen drehst, oder nicht.

Diese Heimatlosigkeit ist nicht nur deine Heimat, sie ist das, was du bist. Du bist das Wissen, das nichts weiß, und du bist eben genau das, was nicht ist und nicht nicht ist.

**Kapitel 7
Traurigkeit**

Du kannst traurig sein, weil dir jemand etwas weggenommen hat, und du kannst traurig sein. Du kannst traurig sein, weil ein Mensch aus deinem Leben gegangen ist, und du kannst traurig sein. Und du kannst traurig sein, weil du so glücklich bist und weil du so traurig bist, kannst du glücklich sein.

Alles ist wieder mal wie immer, nichts stimmt. Und auch nicht das Gegenteil. Traurigkeit ist ein Hauch deiner Göttlichkeit und es ist dein Glücklichsein ohne Leid. Jedes Glücklichsein wird durch Leid beendet. Die Traurigkeit, dieses seltsame Glück, nicht. Leid kann dem Glück der Traurigkeit nichts anhaben.

Aber nun schauen wir erst mal. Ist denn das Gefühl im Herzen wirklich verschieden? Ist denn das Gefühl, das unser Kopf als Glücklichsein bezeichnet, ein anderes, als das, was er tiefe Traurigkeit nennt? Es nützt hier nichts, irgendetwas zu glauben oder nicht zu glauben. Man muss wirklich gucken gehen.

Mondlichtträger wissen, dass hier Vieles verkehrt herum dargestellt wird. Hier, damit meine ich die Normalität, dieses nicht existierende Denkgebäude. Es wird so getan, als ob da etwas passiert, etwas zugefügt wird, das dann traurig macht. Das ist natürlich Käsekuchen. Vielmehr ist da einfach Traurigkeit, und das Denken, das ja immer der Meinung ist, alles hätte mit ihm zu tun, sucht sich dann nachträglich einen hübschen Grund, mit dem es die Traurigkeit erklärt. Man muss aber ein sehr, sehr geübter Beobachter sein, um das bei sich selbst festzustellen, denn jeder Gedanke kommt ja immer mit seinem "ich bin wichtig" und seinem "Du musst dich sofort um mich kümmern" Zusatz daher. Viel leichter erkennt man es bei anderen. Da gibt es Menschen, die haben jeden Tag einen anderen Grund für ihre Traurigkeit. Man könnte ein Fremdtagebuch schreiben, um dann, nach all dem Lachen, die gleichen Funktionsweisen bei sich selbst zu erkennen.

Traurigkeit ist. Und Traurigkeit ist Glück. Ein Mondlichtträger kümmert sich einfach nicht um die Gedanken, die da spielen wollen. Er weiß, die Gedanken spielen auch ohne ihn weiter und er weiß, es passiert nicht wirklich etwas. Stattdessen geht er tiefer in seine Traurigkeit. Zuerst merkt er, dass diese Traurigkeit gar nicht die seine ist. Sie ist überhaupt nicht persönlich, vielmehr ist sie Gegend, Raum, der Rasen des Spielfelds. Als Zweites merkt er, dass die Traurigkeit nur von einem gewissen Blickwinkel wie etwas Negatives ausgesehen hat. Und aus diesem Blickwinkel heraus muss alles scheitern. Scheitern, weil das Leben darauf aus ist, deinen Standpunkt zu ändern, darauf aus ist, dir zu zeigen, dass du dort, wo du glaubst zu sein, nicht bist. Da müssen Partnerschaften unglücklich machen, da muss man wie durch Zauberhand an einem Abend vier Freunde verlieren. Da müssen die Wege abgeschnitten werden, nicht weil sie falsch sind, sondern weil es den, der sie einschlagen möchte, hier gar nicht gibt, gab, geben wird.

Die Traurigkeit ist ohne diesen Gedankenmüll ein großartiger Ort. Auf den ersten Blick scheint sie lediglich ein Schutzschild gegen die Welt zu sein. In Wirklichkeit ist sie aber der Eingang in die Welt. In welche? Finde es heraus!

**Kapitel 8
Einen Platz fürs Mondlichttragen**

Zum aktiven Vorgang des Mondlichttragens benötigt man einen Platz. Einen Platz, der das Zeug dazu hat, aus der eigenen Wohnung hinauszureichen. Einen Platz, den du einnehmen kannst, voll und ganz.

Wie aber schafft man sich solch einen Platz? Man erspürt ihn. Hier geht es nicht darum, den gemütlichsten Sessel zu finden. Auch die Schmusedecke und die Tasse Kakao sind nicht dringend nötig. Es kann der Stuhl neben dem Kühlschrank sein, es kann aber auch ein ungenutztes Zimmer sein, selbst eine Stufe im Treppenhaus kann genügen. Wichtig ist nur, dass der Mondlichtträger auf diesem, in diesem, in diesen Platz hinein, einrastet. Kann es sein, dass du ihn schon längst gefunden hast? Vielleicht ist er so ganz abseits von deinem Gemütlichbereich. Siehst du dich öfters im Keller zwischen Lacken und Farben sitzen? Nichtstuend, auf eine fast unerlaubte Weise still? Dann ist das dein Platz. In der Garage, auf einem Stuhl, der eigentlich vor Jahren schon für den Sperrmüll bestimmt war? Das ist dein Platz. Es kann aber auch sein, dass du den Platz kennst, er aber eigentlich keinen Raum für einen Stuhl hat. Der Platz ist sehr, sehr wichtig, also sei voller Fantasie. Es wird eine Möglichkeit geben.

Es kann aber auch sein, dass du einen Platz fühlst, der außerhalb deiner Wohnung liegt. Einen Platz, der um ein Vielfaches mehr strahlt, als all das, was du in deiner Wohnung im Moment zu finden imstande bist. Ist es ein Stuhl in einem Café mit Blick in eine Straße hinein, dann ist die Antwort klar: Es ist der deine. Schwieriger wird es schon, wenn der Platz ein genauer Punkt im Park ist. Traue dem und finde einen Weg! Fange an, dem zu trauen! Sich selbst vertrauen kann kein Mensch und der Gedanke, anderen Menschen zu vertrauen, ist im höchsten Maße belustigend und selbstverständlich vollkommen indiskutabel. Das liegt nicht daran, dass die Menschen böse, böse und böse sind, sondern am großen Uhrwerk: an dem, was ist, wie es ist, wenn es ist. An dem, was eins ist, wenn es ist und ganz ist, vollständig nötig in jedem Detail. Das Mondlichttragen, dein Mondlichttragen wird dir den Weg zeigen. Mit der Klarheit eines sonnigen Novembermorgens werden deine Wahrheiten gegen dein Denken stehen. Mit Gründen herumzujonglieren, gegen deinen Verstand anzuargumentieren, bringt dich keinen Schritt weiter. Traue dem! Traue deiner Wahrheit! Traue ihr, auch wenn es bedeutet, einen Euro für hundert Euro zu kaufen. Manchmal ist das so. Die Wichtigkeit der Dinge haben nichts mit ihrem Marktwert zu tun. Traue den Bildern in dir. Es ist Vieles so überhaupt nicht egal, wenn es auch kein einziger anderer Mensch als du nachvollziehen kann. Ja, gerade dann bist du am richtigsten unterwegs, wenn du die größten Umwege in Kauf nimmst, um das zu bekommen, was du gesehen hast, was du dir nun aus einem Bild durchpaust. Vergiss es vollkommen, was andere sagen, oder hast du etwa noch nicht genug davon? Keine Meinung auf der ganzen großen Erdscheibe kann dir auch nur einen Millimeter weiterhelfen. Das Mondlichttragen ist ein Schlüssel, der Schlüssel zu dem Wissen, das durch dich scheint. Das Wissen, das du bist.

Kapitel 9
Einen Platz, den es so nicht mehr gibt

Einen Platz, den es nicht mehr gibt, zu besuchen, ist gar nicht so schwer. Es ist eine Frage der Ernsthaftigkeit des Reisenden. Aber wollen wir das? Ein Mondlichtträger auf seiner Platzsuche muss einrasten können. Das heißt, er muss sich diesen Platz erschließen, muss ihn sich zu eigen machen, muss von ihm zu eigen gemacht werden. Das ist schon eine Nummer heftiger, als das bloße Reisen. Auf gewisse Weise muss sich der Mondlichtträger diesem Platz verschreiben. Wenn der Mondlichtträger auf seinem Stuhl in der Küche sitzt, muss er auf dem Platz seiner Wahl sein. Egal wie lange es ihn schon in der so genannten Realität nicht mehr gibt. Und schon wieder muss er vertrauen. Er muss der Tatsächlichkeit all der Gefühle, Eindrücke, Schwingungen, vertrauen, die er mit diesem, seinem heiligen Platz aufsteigen sieht. Es geht nur ein "Ja" oder ein "Nein". Es gehen da nur hundert Prozent. Achtundneunzig wären schon so viel wie Null. Lasse es aus dir hinauf schwemmen, Ebene um Ebene. All das hat dir etwas zu sagen. Sei immer ein klein wenig aufmerksam, auch wenn du keine Worte wahrnimmst. Worte sind das Ungenauste, das Gröbste, was dir passieren kann. Vergiss sie einfach, so oft du kannst, so oft es geschehen will. Du wirst nichts dabei verlieren. Höre immer zu, wenn etwas ohne Worte zu dir spricht. Weisheit kennt keine Worte. Lass dich beschenken, beschenken, beschenken. Da ist kein Ende und diese herrlichen Tiefen weiten sich mit jedem Schritt, den du gehst, um siebentausend Schritte aus. Endlos wundervoll und voller Wunder.

**Kapitel 10
Eine Reinigungsaktion**

Wenn nun der Mondlichtträger seinen heiligen Raum, seinen Platz der Plätze, gefunden hat, sollte er anfangen, die Dinge zu entnennen. Man könnte es ein Reinigungsritual nennen, eines, das an der Wurzel greift. Niemals hatten die Namen irgendetwas mit den Dingen zu tun. Nun wischen wir sie weg. Stück für Stück. Wir wischen das Kleinste wie das Größte sauber. Blitzsauber. Diese Vorbereitungsarbeit zahlt sich unendlich aus und wir sollten dabei nicht halbherzig vorgehen. Im Mondlichtträgerraum haben schließlich alle Dinge ihren Namen verloren. Mag sein, dass da etwas steht, aber es ist kein Aschenbecher mehr, es ist das, was es ist - und jetzt wird es spannend: Es ist eben auch gerade das nicht, was es ist. Das ist der zweite und noch viel mächtigere Teil unserer Reinigungsaktion. Jedes Teil ist auch genau an der Stelle, wo es steht, mit derselben Länge und Breite, eben nicht. Es ist aber nicht nichts da. Genau sein nicht existierendes Gegenstück ist da. Der zweite Teil der

Reinigungsaktion fällt den meisten Leuten schwerer, weil sie ihn nicht mit dem Verstand durchführen können. Dieser Nichtstuhl muss gespürt werden, da ist selbst das Fühlen machtlos. Es ist gar kein Machen, dieses Reinigen, es ist ein Sehen. Geübte Mondlichtträger sehen das, was ist, und das, was nicht ist, immer gleichzeitig. Dann hat es nichts mehr mit einer Reinigungsaktion, nichts mehr mit aktivem Handeln, zu tun. Dann ist ein Seinszustand freigekehrt worden, der immer schon da war unter all den Bergen von Schutt und Staub.

Kapitel 11
Hintertorwart

Wie kann man werden, was man ist? Ich zum Beispiel bin Hintertorwart. Hintertorwart sein ist eine feine Sache, aber man kann weit über 30 Jahre brauchen, um das zu verstehen. Hintertorwart sein ist überhaupt das Aller-, Allergrößte, wenn man ein Hintertorwart ist. Meine großartige Laufbahn begann in der Straße meiner Kindheit an einem der vielen Abende, an denen Nachbarsjungen, der ein oder andere Vater, manchmal auch mein Opa und ich, Fußball spielten. Als Tore dienten auf die Straße gelegte Kleidungsstücke. Die Spieler wurden vor dem Spielbeginn gewählt, ich aber nicht. Ich war Hintertorwart. Es waren schöne Abende, ich rannte nach Bällen, die entweder ins Tor, oder am Tor vorbei gingen, schoss sie zu Kais Vater und war guter Dinge.

Wahrscheinlich wäre ich heute noch ein begnadeter Hintertorwart und hätte dieses Geschäft zu ungeahnter Blüte gebracht. Das Ansehen der Hintertorleute wäre in den Augen der Öffentlichkeit unaufhaltsam gestiegen und ich wäre heute ein gemachter Mann.

Doch all dem war nicht so. Ich hatte die Rechnung ohne den Wirt gemacht, und tat das Schlimmste, was ein Mensch, der die berufliche Laufbahn eines Hintertorwarts einschlagen möchte, tun kann. Ich erzählte meinem Vater davon. Väter betrachten es, damals wie heute, als ihre heiligste Aufgabe, ihren Söhnen die Hintertorwartslaufbahn mit knappen, aber bestimmten Worten, ein für alle Mal auszutreiben. Mein Vater brachte mir also bei, dass es so etwas wie einen Hintertorwart gar nicht gibt, und ich solle darauf bestehen, dass man mich richtig mitspielen lässt.

Ich hatte also nicht richtig mitgespielt. Hatten sie mich alle betrogen? Hatten sie mich hintergangen? Sie waren alle nett zu mir, und ich hatte mich doch so wohl gefühlt. Nein, ab heute durfte ich kein Hintertorwart mehr sein. Ich musste da hinmarschieren und einen "echten" Platz in diesem Fußballspiel einfordern. Aber ich war doch ein Hintertorwart!

Die Jahre vergingen, und ich hörte noch viele Wahrheiten, die ich wunderbar gegen das Hintertorwartdasein einordnen konnte. Ganz wichtig scheint es auch zu sein, dass man in einer Zweierbeziehung kein Hintertorwart ist oder wird. Man muss auch da seinen Platz behaupten und aufpassen, dass einem hier nicht die Felle davon schwimmen. Einem

Hintertorwart in einer Zweierbeziehung würden garantiert die Felle davon schwimmen. Er ist wie dafür gemacht, so ließ ich mir sagen, dass ihm die Felle davon schwimmen. Ein Mann zu sein, schien sich auf keinen Fall mit einem Hintertorwartsdasein vereinbaren zu lassen. Und ich lachte über andere Hintertorwärter.

Über die Jahre wurde ich ein absoluter Anti-Hintertorwart. Aber hatte ich wirklich die Kraft, der Stürmer zu sein, der ich immer vorgab zu sein? Stand bei all dieser verzweifelten Siegerei nicht immer jemand hinter mir? Jemand, der fragte: „Was machst du denn da?" Jemand, der zusammenzuckte, als dem Stürmer auch mal auf die Schulter geklopft wurde?

Letztendlich hielten sich aber die Erfolge des Stürmers in Grenzen. Grenzen auf einem Spielfeld, das der Hintertorwart niemals von selbst betreten hätte. Dem Stürmer ging es um den Sieg. Hauptsache siegen, egal wo, egal mit was, egal gegen wen. Und wenn schon nicht siegen, dann es wenigstens "auf die Reihe bringen". Irgendetwas auf die Reihe bringen. Nur bloß nicht das sein, was da im Hintergrund lauert. Nur ja nie so tief fallen müssen, um das sein zu müssen, vor dem man die ganzen Jahre davongerannt ist. Nicht beruflich und schon gar nicht in einer Beziehung zu einer Frau. Es gibt immer ein Betätigungsfeld, auf dem der Stürmer weiter stürmen kann. Es gibt immer einen Blickwinkel, aus dem heraus der Stürmer doch noch irgendwo, irgendwas gewonnen hat. Das gibt es immer, immer, immer! Das gibt es eben genauso lang, bis alles in sich zusammenfällt. Bis einem die eigenen Siege, die eigenen Freuden, zum Ekel werden. Bis einem klar ist, dass, wenn es nur so weitergehen kann, es am besten gar nicht mehr weiter geht. Es nicht mehr weitergehen darf! Vielleicht bis einem klar ist, dass jeder einzelne Sieg, der in der Zukunft zu erringen ist, nur weiter ins Unglück führt. Bis einem klar ist, dass ein neuerlicher Partnerwechsel, und auch nicht der danach folgende, aus all dem Stroh Gold spinnen wird. Ja, Stürmer meiner Kategorie müssen das ganze Leben lang versuchen, aus Stroh Gold zu spinnen. Abgeschnitten von ihrer Kraft, immer mit der Kraft, die sie eigentlich nicht haben, weitermachen. Und schnell viel trinken, wenn es einmal eng wird und noch mal Sex und noch mal Sex, auch wenn alles nur noch brennt und weh tut. Noch ein wenig schneller, noch ein wenig härter.

Die Kraft, die solch ein Stürmer bräuchte, ist nicht außerhalb der Welt - sie hat nur ein anderer. Und gerade das kann dem Stürmer kein Trost sein. Diese Kraft ist nämlich seit Anbeginn der Zeit beim Hintertorwart. Die ganze Erde steht hinter ihm.

Der Hintertorwart muss keinen Vorsprung halten. Auch muss er den Ball nicht krampfhaft umklammern, denn der kommt von selbst immer wieder zu ihm zurück. Er kann auch gelassen mit einem Buddha ein Schwätzchen halten, wenn grade einer vorbei kommt. Genau das, was du niemals sein wolltest, hat deine Kraft gebunden. Gott liebt den, dem er die Türen zuschlägt.

Das Mondlichttragen verhilft den Mondlichtträgern dazu, das zu werden, was sie sind. Ist es Zauberei? Ändert sich die Erdscheibe in der Zeit des Mondlichttragens? Wäre alles nicht früher schon so viel einfacher gegangen? Zwischen dem Kreuz und dem Auffahren in den Himmel lag doch noch was... Ja, für den Stürmer fahren erst einmal die Rollos runter. Sie fahren so lange immer wieder runter, bis aus dem dunklen Zimmer eines schönen Tages ein Hintertorwart kommt. Ein Hintertorwart ist der Sieg, der keinen Sieg braucht. Es wird alles zum Geschenk.

**Kapitel 12
Ein kleines Fest**

Ein kleines Fest ist es, in einer mondklaren Winternacht den Sommermorgen zu erspüren. Sich aufs Bett zu setzen und zu genießen. Es ist die Kunst des Erntens, es ist die Kunst des klaren Blicks. Einfach kommen lassen, was da will...

Kapitel 13
Die andere Nacht

Wenn du des Sommers im Freibad, im Park oder sonst wo, ganze Tage, ja, ein ganzes Leben verbringst, verbleibe in der Nacht. Verbleibe in der Nacht, die da greifbar hinter den blauen Himmeln und der schönsten aller Freundinnen, der Sonne, ihre großen warmen Hände über unserer Erdscheibe ausbreitet. Mondlichtträger verlassen diese Nacht nicht und die Sonnen lieben sie dafür. Es ist ein Spiel, zwei Musiker auf der Bühne, sich ergänzend, gegeneinander anspielend, ineinander zusammenfallend. Wieder neu geboren werdend, erst alleine, dann sich wieder treffend, verschmelzend, ein endloses Spiel mit zwei Siegern ohne ein Siegen.

Mondlichtträger stehen nicht auf der Bühne und geben keinen Ton von sich. Die Sonne würde in ein Loch fallen und die Himmel wären für alle Menschen dunkel. Mondlichtträger sind Teil einer Natur, die vor dem ist, was natürlich oder nicht natürlich sein könnte. Teil einer Natur, die das, was natürlich oder nicht natürlich sein könnte, nicht einmal kennen kann. Darum können sie spielen. Aufspielen gegen die Sonne und sich im nächsten Moment ganz von ihr fressen lassen. Dann wieder herausgetreten sein, durch die Himmel in fernere Himmel und ein All von Sonnen und die große, warme Hand der anderen Nacht. Zwei improvisierende Musiker über einer Musik, die immer schon war. Vor allem, was war. Und der Geist Gottes schwebt über dem Wasser, ja, ein Gottessturm bewegt sich über dem Wasser.

Kapitel 14
Advent

Es gibt nicht viele Anzeichen, an denen man erkennen könnte, ob ein junger Mensch später einmal ein Mondlichtträger werden kann. Das Thema ist auch gar nicht so arg wichtig, jedoch möchte ich trotzdem gerne über einen Aspekt davon sprechen: diesen Hauch von Advent.

Der Begriff Advent darf hier nicht wirklich mit den 22 bis 28 Tagen der christlichen Kirchen, mit der Zeit vor Weihnachten also, gleichgesetzt werden. Betrachten wir andererseits das griechische Abstammungswort, dann kommen wir durch eine seiner Bedeutungen wieder genau auf das, was von den zukünftigen Mondlichtträgern empfunden wird: eine Anwesenheit. Eine Anwesenheit, die im Herzen wahrgenommen wird. Ein Mondlichtträger mit einer Liebe zu Jesus, wird es immer wieder so auszudrücken versuchen: Es wird empfunden, dass Jesus schon da ist. Jesus ist da. Hier. Jetzt. Vollkommen. Dieses bedeutet aber in seiner ganzen Tragweite, dass er durch seine Geburt an Weihnachten nicht noch mehr da sein kann und schließlich durch den Tod seines Körpers am Karfreitag nicht weniger. Haben wir doch den Mut, den Advent am Karfreitag zu leben. Vielleicht ist das nicht streng christlich, vielleicht ist das streng Christus. Der ganze Advent ist ohne den Advent am Karfreitag, dem stillen Freitag, dem hohen Freitag, ja auch dem guten Freitag, nichts wert. Bevor Abraham war, ich bin.

Was bedeutet es aber, diese Anwesenheit in sich zu spüren? Sie ist ein Richtmaß, an dem wir immer wieder vorbeileben. Vorbeileben müssen. Diese Anwesenheit wird uns somit auch zum Antrieb in den Untergang. Es scheint so hoffnungslos weit von unseren Möglichkeiten entfernt, jemals ein Leben führen zu können, das diese Anwesenheit widerspiegeln würde - doch daran zerbrechen wir längst noch nicht. Wir zerbrechen, wir brechen genau in dem Moment auf, in dem wir sehen, dass jedes andere Leben für uns nicht mehr möglich ist. Erst wenn der Tod uns heller scheint, als das erneute Ablaufen der uns umgebenden Sackgassen, sind wir bereit. Gar gekocht und zig Mal gewendet in der Pfanne. Gesalzen, geräuchert, was immer wir brauchten. All das musste geschehen, damit wir das, was wir übermorgen gewesen sein werden, sein konnten. Damit eine Zukunft, die schon längst stattgefunden hat, so sein konnte und sein kann, wie sie ist?

**Kapitel 15
Trost**

Normalerweise sind Menschen ständig damit beschäftigt, sich gegenseitig zu trösten. Im Trösten findet der Tröster selbst Trost. Indem er einem anderen vermittelt, dass dieser doch größer als die Verzweiflung ist, kann er es still und heimlich auch für sich selbst, im eigenen Leben, glauben.

Ist beispielsweise ein naher Mensch gestorben, wird davon fabuliert, dass die Zeit alle Wunden heilt und dass das Leben irgendwann weitergeht. Davon, dass das Leben doch weitergehen muss. Das tut es aber nicht. Wenn ein naher Mensch stirbt, dann geht kein Leben weiter. Es ist ein für alle Mal alles vorbei. Alles, was da hätte weiter leben können, zerbricht. Nichts kann je mehr gut werden. Mondlichtträger wissen das. Sie wissen auch, dass sie immer untröstlich bleiben werden.

Die Verzweiflung ist die Richtlinie des Lebens. Alle Häuser, die oberhalb der Verzweiflung erbaut werden, stürzen ein. Alle zwischenmenschlichen Beziehungen oberhalb der Verzweiflung bleiben schal und leer. Alle spirituellen Ideen oberhalb der Verzweiflung werden eher früher als später als das erkannt, was sie sind: Taschenspielertricks. Nichts als Ansammlungen von Worten, die immer mal wieder ganz gut klingen.

Ein Mondlichtträger wird niemals einen anderen Menschen trösten. Vielleicht wird er bei ihm sein. Vielleicht wird er ganze Nächte mit ihm durchwachen. Aber er wird ihn nicht trösten, wird nicht einmal von sich aus reden. Ein Mondlichtträger weiß, dass all das, was in einem Menschen zerbrechen kann, zerbrechen muss, damit das erscheinen kann, was unzerbrechlich ist. Das Herz zerbricht so lange und so oft, bis es eines Tages ganz verschwunden ist. Erst dann ist der Blick frei auf ein Herz, das größer ist als die Erdscheibe. Auf etwas, das kein Herz mehr hat, aber das ist, was Herz ist.

Mondlichtträger wissen also, dass die Sackgassen um uns herum nicht das Problem sind. Letztendlich ist jede Wandlung eines Weges zu einer Sackgasse ein Geschenk.

**Kapitel 16
Mondlichtträger wissen nichts**

Eine Wahrheit über das, was uns umgibt, das, was wir sind, kann nicht gesagt, kann nicht herausgefunden werden. Beispielsweise wirst du niemals feststellen können, ob es ein Gestern wirklich gegeben hat, oder ob die Erinnerung an ein Gestern mit dem jetzigen Moment entsteht. Stelle dir vor, in einem Traum fragt eine Person eine andere, was sie gestern gemacht hat. Sicher, es wird eine Antwort kommen, doch was ist sie wert? Ebenso wird in einem Traum auf die Frage, wer den Tisch geschreinert hat, eine Antwort kommen. Antworten beweisen nichts.

Wir können ja nicht einmal wissen, ob wir uns im jetzigen Moment in einem Traum befinden, oder in dem, was wir Realität nennen. Wir können aber auch nicht wissen, ob diese Realität jemals mehr als ein Traum war. Sollte die Realität ein Traum sein, hören aber die Fragen längst nicht auf. Nehmen wir an, sie wäre ein Traum, gibt es dann dazu auch einen Träumer? Wird es jemals möglich sein, dem Träumer in die Augen zu schauen? Gibt es den Träumer, ist dieser dann Gott? Ist dieser Träumer dann der Letzte, oder ist er auch wieder nur ein Teil einer anderen Welt? Ist dieser Träumer am Ende selbst nur der Traum eines anderen Träumers?

Gibt es diesen Träumer nicht, ist dann die Traumsubstanz selbst Gott? Sind wir dann alle Gott? Wenn die Traumsubstanz selbst Gott ist, dann ist aber auch jedes Teil in ihr Gott. Der Wind, der Tisch, die Spülmaschine.

Wenn Gott uns träumt, sind wir etwas Geträumtes. Das würde bedeuten, wenn wir "ich" sagen, müssten wir Gott meinen, und wenn wir "er" oder "sie" sagen, müssten wir uns Personen meinen.

Oder ist das alles hier kein Traum und Gott spielt sich selbst in jedem von uns? Erlebt er sich erst durch diese Aufteilung in so viele Personen? Muss er erst ein Zweites werden, damit überhaupt eine Art erleben stattfinden kann? Fragen also über Fragen.

Oder ist es gar so, dass es so etwas wie eine wirkliche Welt gibt? Dann aber werden die Fragen total endlos. Warum ist diese wirkliche Welt so löchrig? Warum verschwinden Dinge, wenn man sie betrachtet? Warum ist da hinten heute ein Dorf, wo all die Jahre, die du schon die Strecke gefahren bist, noch keines war? Warum sind die Menschen nie die, die sie sind? Warum verschwindet bei der Betrachtung eines Gesichtes das Gesicht? Warum kommt dann ein anderes? Und noch ein anderes? Und ein Tiergesicht? Und ein Dämon? Und noch ein anderes Gesicht? Und dann nichts. Und dann schwarz? Und dann wieder ein Gesicht? Warum hört das nie auf? Warum geht es dir vor dem Spiegel mit deinem eigenen Gesicht genauso? Wer bist du denn? Welcher von den vielen? Ein bisschen Mut zum Schauen und alles zerlegt sich. Sag mir, welches Gesicht ist das deine? Welches Grauen hat mit dir zu tun? Was geht hier ab? Um Gottes willen, was geht hier ab?

Wirklichkeit, das ist lustig. Wirklichkeit ist überhaupt das Allerlustigste. Da sind Sachen plötzlich da. Da sind Sachen plötzlich weg, und der Verstand findet im Nachhinein für alles eine Begründung. Er ist der Begründer. Eine neue Information kann ein ganzes Leben ändern. Buff - alles anders. Und der Verstand begründet weiter vor sich hin. Er hält dich weg von diesem offenen Meer, von diesem Wahnsinn der Möglichkeiten. Er gibt vor, dich wegzuhalten. Er ist die Kraft der Kraftlosen. Er gibt denen Sicherheit, die Angst haben, von der Bordsteinkante zu fallen. Es ist hier offenes Meer, es ist hier unendliche Weite, es ist hier Weltall ohne Ende.

Vierzig Jahre hast du in einer wundervollen Zweierbeziehung gelebt. Dein Partner ist gestorben und dann hast du getrauert. Es war eine wunder-, wunderschöne Zeit, die du mit ihm verbringen durftest und du bist sehr dankbar dafür. Ein Hauch, ein Nichts, eine Minute. Du erfährst, dass dein Partner dich die ganze Zeit über betrogen hat. Er hatte nicht nur Sex mit irgendwelchen unbekannten Prostituierten. Nein. Selbst bei den Frauen eurer Stadt hielt er sich nicht zurück. Es kommt sogar heraus, dass die Nachbarin, als du einmal im Krankenhaus warst, mit deinem Mann in eurem Ehebett zu Gange war. Ja, eine neue Information und alles geht den Bach runter.

Da reden sich die Leute ein, sich jahrelang gut ernährt zu haben. Sie schrecken nicht einmal davor zurück, im Familienkreis den Missionar zu spielen. Bücher und Artikel haben sie zu diesem Thema gelesen. Und dann, nach langer, langer Zeit, kommt heraus, dass gerade das, was sie für gesund hielten, für ihren Körper Gift war. Eine neue Information, und alles geht in Rauch auf. Und der Verstand begründet weiter. Es hat eben noch diese neue Information gefehlt. Eine Lachnummer ohne Ende. Und nun wird das Neue geglaubt. Mit derselben Überzeugung verkündet. Und Gott lacht.

Gott lacht immer. Besonders herzlich lacht er, wenn er, während wir bemüht sind, den Spielregeln auf die Schliche zu kommen, einfach mal unter uns das Spielfeld austauscht. Es hat schon was, mit Mensch-ärgere-dich-nicht-Spielregeln Schach zu spielen. Bald wird es ein neues Geheimnis geben. Eine neue Wahrheit. Wir müssen sie nur befolgen.

Mondlichtträger wissen, dass es nicht vorgesehen ist, dass man rauskriegen könnte, was hier läuft. Sie wissen, dass selbst die klügsten und heiligsten Leute nicht mehr über diese Welten wussten, als eine gezeichnete Comicfigur. Auf dieser Ebene, auf der Wissensebene, ist einfach nichts zu wollen. Nichts, was einen bleibenden Wert hat. Nichts, was morgen noch richtig sein wird. Mondlichtträger wissen, dass all das, was gewusst werden kann, Unfug ist, weil es Unfug sein wird.

Aber Mondlichtträger wissen noch mehr. Sie wissen, dass in diesem Nichtwissen das steckt, was Wissen ist. Sie wissen, dass in der absoluten Chancenlosigkeit, etwas über das, was ist, herauszukriegen, die einzige Chance liegt, die wir haben. Mondlichtträger wenden sich vom Wissen der Welt ab. Manche mit Ekel, weil da keine Wahrheit ist. Manche voller Lust, weil da etwas Neues wartet. Etwas ewig Neues. Etwas Neues, das man nicht erreichen kann, wohl aber zu ihm zurückkehren. Und selbst diese Formulierung ist ungenau, fast schon eine Lüge.

**Kapitel 17
Wind weht**

Und noch einmal, wir wissen nichts. Um irgendetwas zu behaupten, müssten wir fähig sein, einen sichereren Standpunkt einzunehmen. Um irgendeine Wahrheit zu erkennen, müssten wir uns wenigstens eines Punktes des Universums sicher sein können. Oder eines Punktes in uns. Gerade die selbstverständlichsten Annahmen halten jedoch der Überprüfung nicht stand. Es ist nicht rauszukriegen, ob es das Nebenzimmer wirklich gibt, solange wir hier sind und die Tür zu ist. Es ist nicht rauszukriegen, ob der Bauarbeiter, den wir uns vor Jahren, sagen wir mal zu Übungszwecken, vorgestellt haben, nicht doch vielleicht wirklich mit seinem Schubkarren durch die Küche fuhr. Ob wir gerade träumen oder nicht... Ob du in meinem, oder ich in deinem Traum bin... Sind wir im Traum eines Dritten? Erscheint alles zusammen im selben Moment? Der Betrachter und das Betrachtete? Ist der Maler immer Teil des Bildes? Gab es ein Gestern wirklich? Wurdest du geboren? Wurde das, was du bist, geboren? Bist du lebendig, nur weil da etwas unter deinem Hemd klopft? Ist das Lebendigkeit? Gibt es einen Tod und wenn ja, ist die Lebendigkeit nach oder vor ihm größer? Die Fragen enden nie und es ist alles ein großer, großer Spaß, der zu nichts führt.

Aber nun stelle dich hin und verkünde eine Wahrheit. Wie sollte diese lauten? 2+2=4? Das ist nur ein Gedicht. Mehr nicht. Was ist also die Wahrheit, die du verkünden könntest? Irgendwas ist? Manche sagen "ich bin". Doch das ist schon sehr fraglich. Der Mann aus Nazareth hat es mal so formuliert: Der Wind weht, wo er will, du hörst sein Brausen wohl, aber du weißt nicht, woher er kommt oder wohin er geht. Guter Mann!

Kapitel 18
Wenn alles vorbei ist

Wenn alles vorbei ist, werden wir auf einer grünen Wiese liegen, es wird immer Sommer sein und uns werden die Trauben in den Mund wachsen. Wenn alles vorbei ist, werden wir zufrieden sein damit, dass das alles sehr, sehr schön ist. Wenn alles vorbei ist, wird die Welt freundlich sein. Eine Opiumfreundlichkeit wird das ganze Universum durchziehen und wir werden wissen, dass wir Liebe sind. Die Hässlichen werden schön sein, und die Dicken werden zwar immer noch dick sein, aber sie werden nicht mehr als unschön empfunden. Wenn alles vorbei ist, werden wir den Partner haben, den wir wollen und wir werden der Partner sein, den dieser Partner auch will. Wir werden schlafen können, wenn wir schlafen wollen und wir werden auf Knopfdruck in jedem Zustand sein, in dem wir sein wollen. Dem Gefühl der Angstlosigkeit wird keine Woche der Angst mehr folgen. Wir werden es so spannend finden, eine Blume zu betrachten, dass uns selbst das Fernsehprogramm nicht mehr erzürnen wird. Wir werden uns in den Armen liegen und wir werden uns lieben.

Würde ja alles nicht schlecht klingen, ginge es uns nur irgendetwas an. Mondlichtträger wissen, dass sie all das nichts angeht. Manchmal schmeckt die Suppe, und manchmal eben nicht. Mondlichtträger wissen das. Zustände werden durch das Universum getrieben, Mondlichtträger wissen das. Trauben wachsen so oder so manchmal in Münder, Mondlichtträger wissen das. Aber es geht sie alles, alles einfach nichts an.

**Kapitel 19
Der Regen**

Nun fällt also der Regen, draußen vor dem Fenster. Fällt in uns rein. Fällt durch uns durch. Nichts ist heiliger als der Regen. Er ist der Verband, der sich auf unsere große Wunde legt. Wie ein Schutzfilm umhüllt er all unsere Nervenstränge. Tief aus allem heraus kommt er. Nichts ist ihm fremd. Er ist der große Zerstörer, der wahre Meister, das echte Wissen. Der Mondlichtträger, der dem Regen zuhören kann, der die wundervolle Gabe besitzt, zur Seite zu gehen, wenn der Regen singt, braucht nichts mehr. Er muss nirgendwo mehr hingehen. Kein Wissen der Welt kann ihn auch nur einen Schritt weiter bringen. Alles würde nur wieder von ihm wegführen. Ein Mondlichtträger, der im Lied des Regens verloren bleiben kann, nicht bleibend verbleiben kann, ist selbst zum Regen geworden. Ich höre ihn.

**Kapitel 20
Unterschied**

Sollte es einen Unterschied zwischen dem, was du bist, und dem, was ich bin, geben, zeige ihn mir. Kein altes Wissen, keine geheimnisvolle Lehre und keine Stunde der Meditation wird daran etwas ändern. Was immer es ist, es spielt uns alle - ob es uns nun nur für diesen einen Moment, oder durch Hunderte von Leben, durch Tausende von Jahren, gibt. Hier gibt es nichts zu gewinnen außer den Trostpreisen, die das Elend letztlich nur vergrößern. Welten scheinen da zu entstehen und buff, sind sie wieder weg. Jeder Traum, eine ganze Welt. Aufwachen ist nur der nächste Traum. Genau der vor dem Übernächsten. Ein Traum geht nur für einen Traum. Wir fallen von Türmen und buff, sind wir wach im nächsten Traum und freuen uns, dass das alles nur Traum war. Tanzende Dämonen singen „Du kannst nicht immer 17 sein" und „One Day": Polonaise quer durch dein Wohnzimmer. Drehen wir einfach die Regler nach rechts und schwingen das Tanzbein - wessen auch immer...

Kapitel 21
Am Anfang

Am Anfang schuf Gott Himmel und Erde. Und die Erde war wüst und leer, und es war finster auf der Tiefe; und der Geist Gottes schwebte auf dem Wasser.

Damit beginnt die Bibel und genau hier endet sie auch, wenn man rückwärtsgeht. Will man vor das kommen, was ist, braucht man einen Absprungspunkt.

Das, was hier Anfang ist, sollte man als Null auf einer Geraden sehen. Ein Zahlenstrahl, der in beiden Richtungen von dieser Null aus ins Endlose führt. Zwei Halbgeraden also? Für unsere jetzige Überlegung wollen wir das einmal so stehen lassen, denn genau dieser Anfang, genau diese Null, ist in Wirklichkeit für viele, viele, viele Geraden der Kreuzungspunkt, für viele Halbgeraden der Ausgangspunkt, der Endpunkt.

Wir nähern uns also dem Anfang im Rückwärtsgang. Und die Erde war wüst und leer, und es war finster auf der Tiefe; und der Geist Gottes schwebte auf dem Wasser.

Erst einmal müssen wir also dahin zurück. Dazu brauchen wir keine Zeitmaschine. Wir brauchen auch keine Berge von Fantasie und auch keine tagelangen Meditationen über dieses Bild. Es ist in uns. Es gehört zu unserem System. Einfach hin! Rein! Bleiben!

Da läuft noch längst kein Abraham in der Gegend rum. Kein Papst und kein Mondlichtträger. Aber jetzt

halt. Jetzt nicht das Kind mit dem Bade ausschütten. Nun ganz behutsam. Tastend. Und der Geist Gottes schwebte auf dem Wasser. Mondlicht. Und der Geist Gottes schwebte auf dem Wasser. Mondlicht. Und der Geist Gottes schwebte auf dem Wasser. Mondlicht. Und der Geist Gottes schwebte auf dem Wasser. Mondlicht. Ganz, ganz vorsichtig bleiben. Jetzt nur nicht zu schnell. Und der Geist Gottes schwebte auf dem Wasser. Mondlicht. Da ist doch was. Kraft. Nur nicht reden jetzt. Hinten wird etwas stark. Rückverbindend. Still. Still ist stark.
Willkommen im Spiel.

Kapitel 22
Abgrenzung

Die Weisheit dieser Welt ist die Weisheit der Abgrenzung. Sie scheint das absolute Allheilmittel geworden zu sein. Soundso weit geht es eben und dann ist Schluss. Der christliche Gott schickte seinen eigenen Sohn ans Kreuz. Hätte Jesus einen Freund gefragt, hätte der geantwortet, dass es sicher besser wäre, sich abzugrenzen. Die Kreuzigung des Abgegrenzten - was für ein Gedanke!

Aber mal geschmacklose Späße beiseite. Abgrenzung hat natürlich auch ihren Sinn, ihre Daseinsberechtigung. Wenn man zum Beispiel die Laufbahn des spirituellen Entwicklungsverweigerers einschlagen möchte, kommt man nicht umhin, die Techniken der Abgrenzung und deren Tücken kennen zu lernen. Auch der angehende Wiederholungs-Leider, sowie der „das-Leben-ist-ungerecht-Sager" müssen Meister auf dem Gebiet der Abgrenzung sein. Ganz zu schweigen vom „du-bist-Schuld-gewesen-Erkenner".

Wie immer ist das alles eine Frage des Geschmacks. Große Bögen um das zu machen, was da im Hintergrund lauert, hat auch seinen ästhetischen Aspekt. Mit welcher Hingabe man in der gerade erkämpften Freiheit einen trinken kann, um dann vier Stunden und einer 1,8 Atü schwangeren Autofahrt später, taumelnd den Klingelknopf der Herzensdame zu erreichen. Das hat schon was. Umgedreht ist es natürlich auch ein Traum: Da trinkt und lacht und spricht man, ja man spricht sogar miteinander, hört Musik, isst Pizza und italienischen Salat, einen ganzen Abend lang bis ... Genau, die 1,8 Atü. Und dann kommen wieder die ewig alten, ewig gleichen Platten aus dem Schrank. Der eine ist eifersüchtig, der andere scheinbar nicht. Die ewig alten Vorwürfe, die ewig alten Verdrehungen, der ewig alte Schmerz. Doch nach ein paar Tagen, Monaten, Jahren, kommt dann die Lösung. Sie heißt: kein Alkohol mehr, wenn man zusammen ist. Ein schöner Bogen für den Bogenmaler. Klingt auch erst mal gut und was das Beste ist: Es könnte ja am Alkohol liegen. Hier nun wird es wirklich witzig, was nicht heißt, dass es einer der Beteiligten auch merken würde. Alkohol ist großartig. Er ist ein großartiges Vergrößerungsglas. Ein Hervorholer. Ein mit-dem-Finger-drauf-Zeiger. Ein Meister ohne Ende.

Da könnte einem bewusst werden, was der spirituelle Unsinn, an den man seit letzten Donnerstag glauben wollte, so wert ist. Ja, in der heißen Phase einer Zweierbeziehung mit Alkohol und Eifersucht, werden schon so manche Techniken, Weltbilder, Welterklärungen, Allroundlösungen, aufgebraucht. Ökologisch betrachtet sollte man sicher etwas sparsamer mit diesen Ressourcen umgehen. Aber was tut man? Fenster auf und Heizung volle Kanne an! Und es ist ja auch alles ganz schön, weil eben gerade dieses Aufbrauchen spiritueller Taschenspielertricks immer ein Stück eigene Dummheit beseitigt. Aber die Dummheit ist leider ein nachwachsender Rohstoff und die einschlägigen Abteilungen der Buchläden werden nie veralten. Da ist immer ein neues Häschen im Zylinder. Ein riesen Spaß!

Einen Bogen um etwas zu machen, das da innen schreit, bedeutet immer, einen Bogen um sich selbst zu machen. Einen Bogen zu machen, um eine Situation zu machen, die wehtun könnte, bedeutet immer, auf einen Teil deiner Kraft zu verzichten. Das, was da lauert, ist ganz deins! Das, was da lauert, ist ein Geschenk! Das, was da lauert, ist eine riesen Geschenkverpackung, in der du etwas finden wirst. Du hast dieses Paket vor Hunderten von Jahren an dich adressiert und abgeschickt. Mache es auf! Drinnen ist das größte Geschenk, das ein Mensch einem Menschen machen kann. Drinnen bist du. Ja du! Genau da drinnen, genau in deiner Hölle, bist du zu finden. Nirgends sonst. Weder in Träumereien von dem einen großen Ganzen, noch im Weltumarmen, noch in deinem kleinen Herzen. Dieses kleine Herz wird dieses ganze Prozedere nicht mal überleben. Es wird dabei 777-mal zersprungen sein, erfroren sein - gesprengt - implodiert.

Ans Kreuz mein Freund und Spaß dabei! Und ein fröhlich Lied auf den Lippen! Wo immer etwas weh tut, gehe hin! Das Wehtun ist ein sicheres Zeichen dafür, dass du einem Märchen aufgesessen bist, dass du dir selbst noch Märchen erzählst. Wenn etwas weh tut, ist das ein Wegweiser zu dir selbst. Finde dich! Mehr hast du nie gesucht. Niemals hast du einen anderen Menschen gesucht. Nur immer, immer dich.

O.k., dann reden wir mal Tacheles. Dein kleines Herzlein, das so gerne mit einem anderen kleinen Herzlein ein Ich-bin-dein-und-du-bist-mein spielen will, kann einen anderen Menschen noch nicht einmal sehen. Es ist ein wandelnder Diaprojektor. Und dann sagt dieses kleine Herzchen ab und zu zu einem seiner Fotos, du, ich liebe dich. Ich liebe dich so sehr, ich weiß gar nicht, wie ich ohne dich leben konnte. Ich weiß gar nicht, ich möchte dir so nah sein, in dich hineinkriechen. Aber Stopp! Noch ist nicht der Moment zum Lachen gekommen. Der Moment, wo das Teil abhebt, wo es wirklich intergalaktisch wird, kommt erst ein paar Monate/Jahre später. Da schaut das kleine Herzlein wieder einmal eines seiner eigenen Dias an und sagt zu dem Menschen gegenüber: Nun habe ich dich erkannt. Wie konnte ich mich nur so täuschen? Das kleine Herzchen erkennt natürlich wieder überhaupt nichts von irgendeiner zweiten Person, aber dafür kann es das Ganze noch lustiger machen. Der Hammer in Tüten, das absolute Nonplusultra, steht ja noch aus. Hier ist es: Das kleine, traurige Herzlein wird schniefen und sagen: Du hast mich getäuscht.

Wenn man die ganze Aktion ein paar Mal wiederholt hat, hat man, wenn schon sonst nichts anderes, dann doch wenigstens eines mit an Sicherheit grenzender Wahrscheinlichkeit geschafft: Man hat Gott zum Lachen gebracht. Er lacht und lacht. Es ist ja nicht wirklich etwas passiert und du kannst das gerne noch zwölf bis zwanzig Leben lang wiederholen. Auch dann passiert nichts. Und auch nicht danach. Es ist alles ein Spaß. Zumindest für den, der lacht.

Fakt ist aber, das kleine Herz, das du so gerne mit über die Grenze bringen möchtest, kann da nicht mit hin. Du kannst entweder einen anderen Menschen sehen, oder dein kleines Herz behalten. Entweder dein kleines Herz behalten, oder die Schönheit eines anderen Menschen erkennen. Die Nähe mit einem anderen Menschen spüren, oder eben dein kleines Sch...herz. Ja mein Freund, die Nähe spürt man mit einem anderen Menschen, nicht zu ihm.

Kein Mensch braucht einen anderen. Man ist immer nur auf der Suche nach sich selbst. All das ist wahr. Mondlichtträger wissen darüber hinaus noch etwas anderes. Sie wissen, dass es ein riesiges Fest sein kann, wenn da ein anderer Mensch ist. Wenn da die Küche ist, ihr wisst schon, und dann ist da noch wer. Könnt ihr euch das vorstellen? Da ist da noch wer. Ein anderer Mensch. Es gibt Momente, wo die Engel Tränen in den Augen haben, wisst ihr? Meist hat das irgendetwas mit Küchen zu tun. Wenn es klingelt. Ihr habt wen eingeladen. So, als wollten alle Himmel mit euch singen. Ja, es ist möglich. Ein anderer Mensch. Nichts auf der Welt ist großartiger als das. Nichts auf der Welt ist groß genug, dieses Loch zu stopfen. Dieses Loch, das aufreißt, wenn der andere Mensch fehlt. Ein anderer Mensch. Ein anderer Mensch. Gott ist groß.

Kapitel 23
Das verbotene Wort

Nichts ist so, wie es sein sollte. Ich sollte Erfolg haben. Ich sollte in einer glücklichen Beziehung sein. Ich sollte längst schon kein Ego mehr haben. Ich sollte freundlicher zu meinen Mitmenschen sein. Lauter so Zeugs. Sollte ist immer Käsekuchen. Keiner braucht das "Sollte". Wo bringt dich das "Sollte" denn hin? Es bringt dich in eine enge Brust. Es bringt dich zu kraftlosen Armen. Es bringt dich zu einem komischen Gefühl im Kopf. Nichts sollte. Sollte kannst du knicken. Fühle einfach all das, was dieses "Sollte" in dir auslöst. So oft, bis da nichts mehr ist. Dann lass es ein für alle Mal in der Ecke stehen. Kein anderer Blödsack auf Gottes weiter Welt tut sich solch einen Mist an. Weder Herr Apfelbaum, noch Frau Rosenstrauch, weder die schönste aller Sonnen, noch Frau Wolke singen dieses Lied. Hast du schon einmal von einem Apfelbaum gehört, der sich darüber Gedanken macht, dass er in diesem Jahr zu wenig Äpfel an den Zweigen hat? Es ist ja nicht so, dass Apfelbäume nicht sprechen würden. Manchmal sprechen sie, manchmal flüstern sie. Sie lassen sich vom Wind die schönsten Geschichten erzählen und schlafen meist ein, wenn die Sonne in der Mittagshitze ihren viel zu lauten Bass erdröhnen lässt. Apfelbäume erzählen dir von deiner

Kindheit, erzählen dir von den Menschen deiner Kindheit, und in ihrem Traumgeäst ist so viel zu finden, dass ein einzelnes Menschenleben dazu nicht ausreicht.

Rosen malen Melodien von einer immer fremd bleibenden Schönheit in den Garten. Sie fragen dich in der Nacht, du musst nur stehen bleiben. Sie fragen.

Aber sie alle sagen niemals "sollte". Du kannst werden, was du bist. Du kannst genauso werden, wie du gemeint bist. Dann sei so, wie du bist! Dann sei jetzt so, wie du gemeint bist. Du kannst nicht entscheiden, ob du ein Tiger oder ein wunderschöner Birnbaum bist. Du kannst es bestenfalls sehen. Erkennen. Erspüren. Ich zum Beispiel bin Hintertorwart. Ein Hintertorwart mit Zettel und Bleistift. Ein Hintertorwart mit einer Liebe zu Büchern, zu Texten, zur Sprache. Es ist perfekt. Ich brauche kein Adler zu sein, wenn ich weiß, dass ich ein Hintertorwart bin. Weder muss ich weise wie Buddha sein, noch mich dämlich machen wie zwei Pfund Brot. Ich bin genau das, was ich bin. Eine wundervolle Form inmitten von wundervollen Formen. Die schönste Form von allen, inmitten von Menschen und Bäumen: jeder und jedes die schönste Form von allen. Die schönste Blume unter all den schönsten Blumen. Dazu muss ich nicht erst irgendetwas tun, ich bin es eh schon. Und jemand Zweiten, der mir bestätigen muss, dass ich das bin, brauche ich nicht. Noch nie kam ein Mensch zu mir und sagte, du bist doch ein Hintertorwart. Es reicht, dass ich es weiß.

Das ganze Sollte-Spiel fällt in sich zusammen, wenn ihr das tut, wozu ihr gemacht seid, was euch entspricht. Du wirst genau das Lied singen, das das deine ist. Damit verlässt du die Un-Welt, in der es ein Sollte gibt. Und glaube mir, die Echt-Welt wartet darauf! Jeder Baum, jeder Busch, jeder Grashalm wartet darauf, dein Lied zu hören. Erst wenn du selbst beginnst, dein Lied zu singen, kannst du das Lied eines anderen hören. Jeder Singende macht diese große, diese ständig neu erscheinende, diese ewig bleibende Melodie des Universums schöner und schöner. Nein, wer singt, singt nie allein. Selbst wenn er seit zwei Jahren das Haus nicht mehr verlassen hat. Da hat das eine nichts mit dem anderen zu tun.

Kapitel 24
Sie hatten sich nichts mehr zu sagen

Eine der traurigsten aller traurigen Geschichten ist die, wenn man sich nichts mehr zu sagen hat. Bei all der Trauer und bei all der Verzweiflung sollte man jedoch nicht übersehen, dass man sich noch niemals etwas zu sagen hatte. Nein, wir reden hier nicht von Zweierbeziehungen. Und ja, wir reden von der wichtigsten aller Zweierbeziehungen, der Beziehung zu dir selbst.

Wenn du also mit dir so in deiner Küche sitzt und dir das ganze Ausmaß deines dir-nichts-mehr-zu-sagen-Habens langsam bewusst wird, dann ist es so, als wäre da eine Eismauer um dein Herz gezogen. Die Stille, die du in dir empfindest, fühlt sich ungesund an. Ob

Gott diese Krankheit dulden wird? Warst du nicht von allem Anfang an eh schon schlecht? Falsch? Unpassend? Gott wird wohl andere leben lassen. Deine Krankheit, dieses Ungesund, wird er dir niemals verzeihen. Du hast das Gefühl, als wollte sich dein Herz ohne Ende übergeben, aber Herzen übergeben sich nicht.

Gott ist dieses Ungesund. Genau in diesem Ungesund bist du erst Gott gleich, dann Gott selbst und schließlich ist nur noch Gott. Du hattest dir nie etwas zu sagen, wie denn auch? Was denn auch? Ja, Menschen plaudern vor sich hin. Auch der Mensch, der du bist. Dass wir nicht atmen, sondern geatmet werden, hat sich herumgesprochen, aber dass wir auch geplaudert werden, dieser Hut ist noch nicht ganz so alt. Ob da etwas plaudert oder nicht, es wird dich nirgendwo hinführen und nirgendwo wegführen. Lass es plaudern, wenn es will, es geht dich nichts an und hat dir nichts zu sagen. Aber lass es auch zu, wenn es aufhört. Da ist nichts Falsches dran. Da ist nichts verdächtig. Es gibt keine ungesunde Stille. Du brauchst dich auch nicht um Auslöser zu kümmern, die dich da hingebracht haben. Halte die Stille in dir aus und sie wird dich in sich aushalten. Aufnehmen. Aufgehen lassen. Und da draußen kann es plaudern, was das Zeug hält ... macht ja nix.

Kapitel 25
In Mutters Stübele - Teil 1

In Mutters Stübele
da weht der W, W, W
In Mutters Stübele
da weht der Wind

Muss fast erfrieren drin,
vor lauter W,W,W
Muss fast erfrieren drin
Vor lauter Wind

Die Form "Patrick" ist kein Musiker. Sie beherrscht kein Instrument so gut, dass sie damit ausdrücken könnte, zu was sie scheinbar immer wieder zu sagen und schreiben verdonnert ist. Wäre die Form "Patrick" ein Musiker, dann würde sie die Melodie dieses Volksliedes spielen. Die Form "Patrick" würde sehr langsam, sehr behutsam diese Melodie wiedergeben. In endlosen Wiederholungen würden sich die Betonungen und Tonlängen ändern und ändern. Es würde niemals alles gesagt sein und es würde niemals ein Fertigwerden in dieser Sache geben.

Ich müsste nicht mehr schreiben, müsste nicht mehr in Worte verpacken, was doch so weit entfernt von der Welt der Worte ist. Ich dürfte damit aufhören, auf Hunderte Arten und Weisen um etwas herum zu schreiben, das sich niemals in Worte, niemals auch nur in Gedanken pressen lässt. Immer wieder eine andere Gegend des Flusslaufs zu beschreiben, ohne den Fluss auch nur erwähnen zu können, ohne auch nur auf ihn hinweisen zu können. Immer nur um etwas herum schreiben. Die Gegend ist es niemals. Es gibt da auch keine bessere oder schlechtere Gegend. Auch das Schreiben, auch das Reden darüber, wird niemals ein Ende finden.

Und doch ist es ein schöner Gedanke, ein Musiker der Töne zu sein, anstatt diese Melodie immer so unzureichend in Worte pressen zu müssen. Ja, die Form "Patrick" kann sie hörbar machen, diese Melodie, durch die Worte hindurch. Doch würde sie versuchen, das zu erzeugen, dann wäre da keine Melodie, kein einziger Ton. Steht denn die Form "Patrick" der echten, der wahren Melodie nur im Weg? Nein! Sie ist das Blatt im Mundstück des Klarinettisten. Ein Blatt, das genau durch seine spezifischen Eigenschaften diesen Klang erzeugt. Die persönliche Geschichte, die Ängste und die Träume, die Welten aus Scham und Schuld - das ist die Zusammensetzung des Materials des Blattes im Mundstück. Diese Zusammensetzung ist einzigartig. Nur ich kann es zulassen, dass dieser Ton hervorgebracht wird. Kein zweiter Mensch auf der Erdscheibe ist dazu fähig.

Wenn dein Ton nicht der beste der Welt ist, dann bist du noch nicht hier. Wenn du nicht die schönste Blume unter all den anderen schönsten Blumen bist, dann bist du noch nicht hier. Deine Geschichte reicht immer aus. Du musst niemals noch eine Erfahrung mehr machen. Dein Wissen reicht immer schon aus. Du brauchst keine neue Information. Du musst es nur sehen. Du musst das Sehen nur zulassen. Ein Sehen ohne Ausgrenzungen. Es gibt kein Leben, das nicht spannend ist. Es gibt kein Leben, das es nicht wert ist, gelebt zu werden. Schränke dein Sehen nicht ein, und du hast ein Leben. Nimm den ganzen Haufen aus Schuld und Scham mit rein. Lass den ganzen Haufen aus Wut und Kampfbereitschaft nicht vor der Tür. Lass all deine Liebe zu, auch und vor allem für die Menschen, die dich und deine Liebe nicht wollten. Vielleicht auch nicht mehr wollten. Und du wirst sehen, dein Leben ist voll - in jedem einzelnen Moment!

Du willst das ganze Leben, das ganze Bild nicht mehr? Wenn du das Bild loswerden willst, musst du es erst recht betrachten. Das nicht Betrachtete bindet dich. Das Betrachtete löst sich auf. Betrachte mit all den Gefühlen, zu denen du fähig bist. Fühle all die Situationen aus Angst, Schuld und Scham ganz und du wirst frei sein zu gehen, wenn du dann überhaupt noch magst. Und es wird gut sein - so oder so.

Kapitel 26
In Mutters Stübele - Teil 2

In Mutters Stübele
da weht der W, W, W
In Mutters Stübele
da weht der Wind

Muss fast erfrieren drin,
vor lauter W,W,W
Muss fast erfrieren drin
Vor lauter Wind

Diese Verse hörte ich in meinem Kopf, in meinem Herzen, in meiner Seele. Es war die Zeit der dritten Wohnung nach meiner Scheidung, meiner zweiten eigenen Wohnung. Direkt an einem Fluss gelegen, vier Meter vielleicht bis zum Ufer, bei Hochwasser weniger, war ich an guten Tagen der König meines eigenen Lebens. Ich las, ich meditierte, ich sündigte tapfer und ich hatte den Fluss.

Die Wohnung, will sagen, der Blick auf den Fluss, lag geografisch in Kronach in Oberfranken. Es ist aber so nicht wahr. Vielleicht lagen mein Wohnzimmer und mein Blick mehr in Polen, vielleicht in Russland, vielleicht ... Ganz sicher aber, war ich damals, kam ich damals da an, wo ich schon immer war: in Mutters Stübele.

Es war von allem so viel. Es war von allem so schön zu viel. Klar hatte ich kein Geld und klar musste ich damals auch irgendeinen Käse arbeiten. Aber ich hatte das Lesen, ein Königreich und den Fluss.

Also ich saß da in dieser Wohnung, Ende dreißig, geschieden, die Kinder nicht bei mir, Zweierbeziehung nur Schmerz, nur offene Wunde. Und das Geld reichte so wenig, dass ich mir ständig etwas borgen musste. Und ich hatte das Lesen, ein Königreich und den Fluss. Zuerst einmal hatte ich nur das Lesen und den Fluss.

Kapitel 27
In Mutters Stübele - Teil 3

In Mutters Stübele
da weht der W, W, W
In Mutters Stübele
da weht der Wind

Muss fast erfrieren drin,
vor lauter W,W,W
Muss fast erfrieren drin
Vor lauter Wind

Jedes Leben hat seine Punkte, an denen sich alles ändert. Eine innere Weiche stellt sich um, und der Zug fährt ganz woanders weiter. Freilich ist es später schwer, das klar nachzuvollziehen, weil man die alte und die neue Person ja nicht nebeneinanderstellen kann. Und doch ist alles anders, bist du ein anderer nach solch einem Erlebnis.

An einem düsteren Novembernachmittag saß ich also in meiner Küche und sah auf den Fluss. Enten tummelten sich wie immer am Ufer herum, nur die große Ratte, die ich lange für einen Biber halten wollte, fehlte. Ich saß also da, im Hintergrund dieses ganze nicht Zuhause sein, gemacht aus Katastrophenbeziehung, Geldsorgen und dem Versagen am aufrechten Gang. Ich saß und schaute. Und es wurde dunkler. Ich machte kein Licht in der Wohnung, denn die Laternen von der anderen Fluss-Seite warfen genug herüber. Genug Licht, damit ich tun konnte, was ich tat: Nicht mehr

weiter zu wissen. Es war eine der Stunden, in denen man nicht mehr aufsteht. In denen man bleibt, egal wie schlimm die Einschläge noch werden, egal, ob da irgendwo ein Telefon was will, egal, ob da ein Termin einzuhalten wäre. Wenn ich wieder aufgestanden bin, werde ich es schon merken. Oder besser, hoffentlich nicht.
Ich war also so was von nicht Zuhause, meine Wohnung mir fremd wie eine andere Stadt und keine Chance auf Besserung.

Und ich sah auf die Enten. Gehen sie denn nicht heim? Jetzt, wo es dunkel wird, gehen sie denn nicht? Wuuuuuusch! Nein, die Enten gehen nicht heim. Sie gehen niemals heim. Ebenso wie ich. So etwas wie ein Daheim gibt es nicht, oder wenn doch, ist es in dem zu finden, was gerade ist: im nicht-Daheim-sein. Wuuuuuusch! So, als würden unterirdische Zahnräder sich zu drehen beginnen. So, als würde der Stuhl, auf dem ich saß, mitsamt der Person Patrick auf eine andere Erdscheibe gestellt. So, als würde der Stuhl sich verankern. Die Welt dreht sich vielleicht weiter, der Stuhl jedoch steht. Wuuuuuusch! Ich bin daheim. Wuuuuuusch! War es immer schon. Wuuuuuusch! Könnte niemals mehr daheim sein. Wuuuuuusch!

Ende Teil 1

Dank

Monika, dir vielen Dank einfach für alles. Ohne dich würde hier keine Zeile stehen. Hätte ich nicht dieses Buch geschrieben, hättest du es getan - tun müssen! Danke! Und 100 Mal Danke für die Korrekturarbeit.

Amina, dir vielen Dank dafür, dass mir deine Sicht der Dinge meinen eigenen Betrachtungsradius erheblich erweitert hat. Danke für jedes Gespräch und dafür, dass du die ganze Zeit für mich da warst. Und auch dir: 100 Mal Danke für die Korrekturarbeit.

Nadja, dir vielen Dank für das fast tägliche Besprechen der Texte, für deine Tipps und für deine Fragen. Ganz besonders möchte ich mich bei dir auch fürs Zigarettenstopfen bedanken. Denn auch das hat es gebraucht, damit es dieses Buch jetzt gibt.

Steffen, dir vielen Dank für das Coverfoto. Es hat mich sofort abgeholt.

Kontakt:
www.mondlichttraeger.de

ISBN-10: 3848254409
ISBN-13: 978-3848254408

Patrick Aigner

Coburg

Café - Betrachtungen

ISBN-10: 3848257777
ISBN-13: 978-3848257775